JUNGE KÜCHE

Soßen & Dips

Compact Verlag

Abkürzungen

EL	Esslöffel	TK	Tiefkühl...
TL	Teelöffel	kcal	Kilokalorien
kg	Kilogramm	kJ	Kilojoule
g	Gramm	EW	Eiweiß
mg	Milligramm	F	Fett
l	Liter	KH	Kohlenhydrate
ml	Milliliter	Bd.	Bund
cl	Zentiliter	Msp.	Messerspitze
gestr.	gestrichen	1 kJ = 0,239 kcal	
geh.	gehäuft	1 kcal = 4,184 kJ	

Impressum

Chefredaktion: Dr. Angela Sendlinger
Redaktion: Isabel Martins
Produktion: Wolfram Friedrich
Umschlaggestaltung und Layout: Regina Rechter

ISBN 978-3-8174-6457-9
5364571

Besuchen Sie uns im Internet: www.compactverlag.de

Inhalt

Extra

Rote-Bete-Dip [Abb. Cover]

FÜR 4 PERSONEN:
2 Knollen Rote Bete, gekocht
2 Stängel Dill
2 EL Sahne
1 EL Meerrettich (Glas)
etwas Gemüsebrühe
Salz
Pfeffer aus der Mühle

> Rote Bete mit Küchenhandschuhen putzen, schälen, in Stücke schneiden und in den Mixer geben.

> Den Dill waschen, trocken schütteln und hacken, dabei grobe Stielenden entfernen.

> Die Sahne, etwas gehackten Dill und Meerrettich zu den Rote-Bete-Stücken in den Mixer geben und alles fein pürieren. Bei Bedarf etwas Gemüsebrühe zum Verdünnen zugeben.

> Rote-Bete-Dip mit Salz und Pfeffer würzen. Mit restlichem Dill garniert servieren.

> Nährwerte pro Person:
46 kcal, 192 kJ, 1 g EW,
2 g F, 5 g KH

Neben Grissini passt auch indisches Chapati-Brot hervorragend: 300 g Weizenmehl (Type 1050) in eine Schüssel sieben und 1/2 EL Salz untermischen. Langsam 175 ml lauwarmes Wasser zugeben und alles ca. 10 Minuten zu einem geschmeidigen Teig kneten. Zu einer Kugel formen und mit einem feuchten Tuch bedeckt 30 Minuten ruhen lassen.
Danach den Teig in ca. 15 Stücke teilen und zu Kugeln formen. Arbeitsfläche mit Mehl bestäuben und die Teigkugeln in Pfannengröße ausrollen. Die Fladen von einer Hand in die andere schlagen, um das Mehl abzuschütteln. Eine gusseiserne Pfanne auf mittlerer Hitze erwärmen, dann auf schwache Hitze reduzieren. Die Fladen nacheinander ohne Fett in die Pfanne geben und von jeder Seite ca. 1 Minute backen, bis sie bräunlich sind.

Soßenklassiker & Diplegenden

JUNGE KÜCHE

Sauce hollandaise [Abb. links]

FÜR 4 PERSONEN:
250 g Butter
3 Eigelb
60 ml trockener Weißwein
2 EL Zitronensaft
Salz
weißer Pfeffer

> Butter in einer Kasserolle zerlassen und den sich bildenden Schaum nach Wunsch abschöpfen. Eigelb und Weißwein in eine Metallschüssel geben und über einem heißen Wasserbad schaumig schlagen.

> Die flüssige Butter erst tropfenweise, dann in einem dünnen Strahl unter ständigem Rühren zur Eigelbmischung gießen, bis eine homogene Soße entsteht.

> Sauce hollandaise mit Zitronensaft, Salz und weißem Pfeffer abschmecken. Heiß servieren.

> Nährwerte pro Person:
540 kcal, 2259 kJ, 3 g EW, 57 g F, 3 g KH

Die Sauce hollandaise ist die klassische Soße zu Spargel. Aber auch zu Brokkoli, Kartoffeln, Möhren oder anderem blanchierten bzw. gekochten Gemüse schmeckt sie hervorragend.

Sauce béarnaise [Abb. rechts]

FÜR 4 PERSONEN:
200 g Butter
2 Schalotten
1 EL Estragon, frisch gehackt
1 EL Kerbel, frisch gehackt
75 ml trockener Weißwein
75 ml Weißweinessig
3 frische Eigelb
Salz
weißer Pfeffer

> Die Butter in einer Kasserolle zerlassen und den sich bildenden Schaum nach Wunsch abschöpfen. Schalotten schälen, fein hacken und mit der Hälfte der gehackten Kräuter, Wein und Essig in einen kleinen Topf geben.

> Schalottenmischung aufkochen und die Flüssigkeit im offenen Topf bei mittlerer Hitze auf ca. die Hälfte reduzieren. Anschließend Topf vom Herd nehmen und abkühlen lassen. Schalotten-Kräuter-Sud durch ein feines Sieb gießen.

> Eigelb in einer Schüssel in einem heißen Wasserbad schaumig schlagen. Die Butter erst tropfenweise, dann in einem dünnen Strahl unter ständigem Rühren zugießen, bis die Soße eine homogene Konsistenz hat.

> Kräutersud und restliche Kräuter unter die Soße rühren, mit Salz und Pfeffer abschmecken. Heiß servieren.

> Nährwerte pro Person:
449 kcal, 1879 kJ, 3 g EW, 47 g F, 2 g KH

Die Sauce béarnaise passt gut zu gegrilltem Fleisch oder gedünstetem Fisch.

Helle Buttersoße [Abb. links]

FÜR 4 PERSONEN:
160 g Butter
1 Schalotte
100 ml Weißwein
1 TL Fischsoße
1/4 l Fischfond (Glas)
1 TL heller Balsamico-Essig

> Die Butter bis auf 1 TL in Stückchen schneiden und in das Gefrierfach geben. Schalotte schälen und fein hacken.

> Den TL Butter in einem Topf erhitzen und die Schalotte darin unter Rühren glasig dünsten. Mit Weißwein ablöschen, Fischsoße, Fond und Essig zugeben.

> Das Ganze bei schwacher Hitze so lange köcheln lassen, bis es auf 1/4 reduziert worden ist. Soße durch ein Sieb streichen, eisgekühlte Butter zufügen und mit dem Pürierstab aufmixen.

> Nährwerte pro Person:
316 kcal, 1322 kJ, 6 g EW, 32 g F, 2 g KH

Dunkle Buttersoße [Abb. rechts]

FÜR 4 PERSONEN:
170 g Butter
1 rote Zwiebel
1 Knolle Rote Bete
1 TL dunkler Balsamico-Essig
1/4 l Krebsfond (Glas)
1 TL Meerrettich, frisch gerieben
2 EL Portwein

> Die Butter bis auf 1 EL in Stückchen schneiden und in das Gefrierfach geben. Rote Zwiebel schälen und fein hacken. Rote Bete mit Küchenhandschuhen schälen, putzen und in kleine Würfel schneiden.

> Den EL Butter in einem Topf erhitzen und Zwiebel sowie Rote Bete darin unter Rühren andünsten. Balsamico-Essig und Krebsfond angießen, Meerrettich unterrühren und das Ganze bei mittlerer Hitze unter Rühren auf 1/4 reduzieren lassen.

> Soße durch ein Sieb streichen, eisgekühlte Butter zufügen und mit dem Pürierstab aufmixen. Mit Portwein abschmecken.

> Nährwerte pro Person:
355 kcal, 1485 kJ, 6 g EW, 34 g F, 5 g KH

Die Buttersoßen werden klassisch zu pochiertem oder gedünstetem Fischfilet und Meeresfrüchten serviert. Aber auch zu kurzgebratenem Fleisch schmeckt Buttersoße sehr gut. Dann am besten den ausgetretenen Fleischsaft vor dem Servieren untermengen.

Béchamelsoße mit Kräutern [Abb.]

FÜR 4 PERSONEN:

30 g Butter
30 g Mehl
1/2 l Milch
Salz
Pfeffer aus der Mühle
Muskatnuss, frisch gerieben
Zitronensaft
4 EL Kräuter, fein gehackt (z. B. Dill, Kerbel, Petersilie, Schnittlauch)

> Butter in einem Topf bei mittlerer Hitze zerlassen, Mehl hinzufügen und unter Rühren mit anschwitzen, dabei keine Farbe nehmen lassen. Topf vom Herd nehmen.

> Milch aufkochen, unter Rühren zur Mehlschwitze gießen und das Ganze mit dem Schneebesen glatt rühren.

> Topf wieder auf den Herd stellen und die Soße unter ständigem Rühren zum Kochen bringen, dann bei schwacher Hitze ca. 20 Minuten ausquellen lassen. Dabei gelegentlich umrühren.

> Soße durch ein Sieb passieren. Mit Salz, Pfeffer, Muskatnuss und Zitronensaft abschmecken. Vor dem Servieren die Kräuter untermengen.

> Nährwerte pro Person:
177 kcal, 741 kJ, 5 g EW,
11 g F, 14 g KH

Auch ein Klassiker: Sauce Mornay. Dafür eine Béchamelsoße nach dem Rezept oben (ohne Kräuter) zubereiten. 2 Eigelb und 50 g Sahne verrühren und mit wenig heißer Soße vermengen, dann unter die restliche Soße rühren. 75 g geriebenen Emmentaler untermengen, das Ganze bei schwacher Hitze etwas andicken, bis der Käse geschmolzen ist. Dabei aber nicht mehr kochen lassen.

Zabaione mit Basilikum [immer gut]

FÜR 4 PERSONEN:

1 Knoblauchzehe
3 Eigelb
200 ml trockener Weißwein
1 EL Zitronensaft
1/2 TL Speisestärke
1 EL weißer Portwein
1 EL passierte Tomaten
Salz
weißer Pfeffer aus der Mühle
4 EL Basilikum, gehackt

> Knoblauch schälen und eine Metallschüssel damit einreiben. Eigelb, Weißwein, Zitronensaft und Speisestärke in der Schüssel glatt rühren.

> Portwein und Tomaten vermengen und zur Weinmischung geben. Schüssel über ein heißes Wasserbad stellen und die Soße cremig aufschlagen.

> Soße mit Salz und Pfeffer würzen und abschmecken. Vor dem Servieren den gehackten Basilikum unterrühren.

> Nährwerte pro Person:
114 kcal, 477 kJ, 3 g EW,
5 g F, 5 g KH

Versuchen Sie zur Zabaione mit Basilikum doch mal pochierten Kabeljau.

Rotweinsoße [Abb. hinten]

FÜR 4 PERSONEN:

3 Schalotten
1 Knoblauchzehe
1 EL Butter
1 TL Pfefferkörner
2 EL Mehl
150–200 ml trockener Rotwein
1 EL dunkler Balsamico-Essig
300 ml Fleisch- oder Fischfond (je nach Gericht, Glas)
Salz, Pfeffer

> Schalotten und Knoblauch schälen und fein würfeln. Butter in einem Topf erhitzen und beides darin unter Rühren andünsten.

> Pfefferkörner mit einem breiten Messerrücken oder im Mörser etwas andrücken und zur Schalottenmischung geben. Das Ganze mit etwas Mehl bestäuben und kurz anrösten.

> Rotwein langsam unter Rühren angießen, bis eine breiige Masse entsteht. Restliche Flüssigkeit zufügen und das Ganze aufkochen lassen. Soße durch ein Sieb streichen, mit Salz und Pfeffer abschmecken und servieren.

> Nährwerte pro Person:
105 kcal, 439 kJ, 4 g EW,
4 g F, 7 g KH

Die Rotweinsoße passt gut zu dunklem Fleisch.

Weißweinsoße [Abb. vorne]

FÜR 4 PERSONEN:

1 Zwiebel
1 EL Butter
2 EL Mehl
150–200 ml lieblicher Weißwein
200 ml Fisch-, Geflügel- oder Gemüsefond (je nach Gericht, Glas)
½ Bd. Schnittlauch
100 g Crème fraîche mit Kräutern
Salz
Pfefferkörner, zerstoßen

> Zwiebel schälen und fein würfeln. Butter in einem Topf erhitzen und die Zwiebel darin unter Rühren andünsten. Mit Mehl bestäuben und leicht anrösten.

> Weißwein langsam unter ständigem Rühren angießen, bis eine breiige Masse entsteht. Restliche Flüssigkeit zufügen und gut verrühren. Das Ganze zum Kochen bringen, einmal aufkochen und durch ein Sieb streichen.

> Schnittlauch waschen, trocken schütteln und in Röllchen schneiden. Crème fraîche zur Soße geben und das Ganze mit dem Pürierstab aufmixen. Schnittlauch zufügen, mit Salz und Pfefferkörnern würzen, nochmals abschmecken und servieren.

> Nährwerte pro Person:
193 kcal, 808 kJ, 6 g EW,
11 g F, 9 g KH

Die Weißweinsoße passt besonders gut zu hellem Fleisch oder Gemüse.

1 TSP.

Tomatenketchup [ein Muss zu Pommes]

FÜR 3 FLASCHEN (À CA. 1/4 L):

1 kg vollreife Tomaten
1 kleine Paprikaschote
1 große rote Zwiebel
1/4 Knoblauchknolle
85 ml Rotweinessig
125 g Honig
1 1/2 TL Kräutersalz
1 dicke Scheibe frische Ingwerwurzel
1 kleines Stück Muskatblüte (Macis)
2 Lorbeerblätter
1/2 TL Senfkörner
1/2 TL schwarze Pfefferkörner
2 Gewürznelken
1 Zimtstange
1 kleine rote Chilischote nach Belieben
2 TL Paprikapulver edelsüß
140 g Tomatenmark
60 ml Olivenöl

> Tomaten kreuzweise einritzen, in eine Schüssel geben und mit kochendem Wasser überbrühen. Kurz ziehen lassen, dann häuten, die Stielansätze entfernen, Tomaten entkernen und das Fruchtfleisch grob hacken.

> Paprikaschote halbieren, putzen, waschen und in nicht zu kleine Würfel schneiden. Zwiebel schälen und in dünne Scheiben schneiden. Knoblauch schälen.

> Tomatenfruchtfleisch, Paprikastücke, Zwiebel und Knoblauch in einen großen Topf geben und mit 45 ml Essig vermengen. Alles aufkochen und zugedeckt bei schwacher Hitze ca. 25 Minuten kochen lassen. Knoblauch nach Wunsch entfernen und das Gemüse mit dem Stabmixer fein pürieren.

> Restlichen Essig, Honig und Kräutersalz unter das Gemüsepüree mischen. Ingwer, Muskatblüte, Lorbeerblätter, Senfkörner, Pfefferkörner, Nelken, Zimtstange und nach Belieben die Chilischote in ein Mulltuch oder einen Kaffeefilter geben, mit Küchengarn zubinden und in den Topf legen.

> Tomatenmischung aufkochen und unter ständigem Rühren ca. 1 1/2 Stunden offen kochen lassen, bis sie stark eingedickt ist. Das Mulltuch bzw. den Kaffeefilter mit den Gewürzen entfernen.

> Paprikapulver, Tomatenmark und Olivenöl unter das Ketchup rühren. Das Ganze nochmals süßsauer abschmecken. Ketchup in sterilisierte Gläser oder Flaschen füllen, abkühlen lassen und im Kühlschrank aufbewahren.

> Nährwerte pro Flasche:
430 kcal, 1800 kJ, 7 g EW, 22 g F, 51 g KH

Muskatblüte (Macis) ist der Samenmantel der Muskatnuss. Er hat wie diese einen aromatisch-harzigen und leicht bitteren Geschmack, ist aber etwas milder als die Muskatnuss. Man kann das Gewürz in gut sortierten Supermärkten oder in orientalischen Lebensmittelläden kaufen.

Aioli mit Safran [Klassiker aus der Mittelmeerküche]

FÜR 4 PERSONEN:
100 g Kartoffeln
Salz
3–4 Knoblauchzehen
8 Safranfäden
150 ml Pflanzenöl
50 ml Olivenöl
3 frische Eigelb
Cayennepfeffer
1 EL Zitronensaft

> Kartoffeln waschen und in reichlich Salzwasser aufkochen. Bei schwacher Hitze in ca. 20 Minuten gar kochen lassen. Knoblauch schälen. Safranfäden in 3 EL kochendes Wasser geben.

> Kartoffeln abgießen, pellen und durch die Kartoffelpresse in eine Schüssel drücken oder mit einem Löffel durch ein Sieb streichen. Knoblauch dazupressen und untermengen.

> Beide Öle vermengen. Zimmerwarmes Eigelb in einen Rührbecher geben und mit den Quirlen des elektrischen Handrührgerätes ca. 3 Minuten schaumig schlagen.

> Unter Rühren die Ölmischung so lange tropfenweise zur Eischaummasse geben, bis sie beginnt, cremig zu werden. Dann das restliche Öl in dünnem Strahl zugeben und weiter auf höchster Stufe rühren, bis eine cremige Mayonnaise entstanden ist.

> Safran samt Einweichflüssigkeit und das Kartoffelmus unter die Mayonnaise rühren. Aioli mit Salz, 1 kräftigen Prise Cayennepfeffer und Zitronensaft abschmecken.

> Nährwerte pro Person:
529 kcal, 2213 kJ, 4 g EW,
55 g F, 7 g KH

Safran sollte stets als Fäden und nicht als Pulver gekauft werden. Safranfäden speichern das Aroma, während Pulver den wertvollen Geschmack sehr schnell verliert.

Noch ein Klassiker: Mayonnaise. Dafür 3 sehr frische Eigelb in eine Rührschüssel geben. 2 TL Dijonsenf, 1 EL Zitronensaft und 1 kräftige Prise Salz zugeben und das Ganze mit den Quirlen des Handrührgerätes schaumig schlagen.
200 ml neutrales Pflanzenöl zuerst tropfenweise, dann in einem dünnen Strahl zugießen und auf höchster Stufe unterrühren. So lange rühren, bis die Mayonnaise eine cremige Konsistenz aufweist. Nach Wunsch mit Zitronensaft, Salz und Pfeffer abschmecken.

Tomatensalsa [Abb. links]

> Tomaten kreuzweise einritzen, mit kochendem Wasser überbrühen, kurz ziehen lassen und anschließend häuten. Tomaten vierteln, entkernen und ohne Stielansätze in kleine Würfel schneiden.

> Schalotte und Knoblauch schälen und fein hacken. Paprikaschote mit dem Sparschäler schälen, halbieren, von Kernen und Innenhäuten befreien, waschen und in kleine Würfel schneiden.

> Chilischoten längs halbieren, unter fließendem Wasser entkernen und ohne Stielansätze fein würfeln. Tomaten, Schalotte, Knoblauch, Paprika und Chili in einem Topf vermengen.

> Tomatenmark und Brühe zur Tomatenmischung geben, das Ganze aufkochen und offen bei schwacher Hitze ca. 15 Minuten einkochen, dabei immer wieder umrühren.

> Salsa vom Herd nehmen, Petersilie untermengen und mit Zucker, Kräutersalz und Pfeffer abschmecken. Vor dem Servieren abkühlen lassen.

> Nährwerte pro Person:
73 kcal, 305 kJ, 5 g EW,
1 g F, 10 g KH

FÜR 4 PERSONEN:

500 g reife Tomaten
1 Schalotte
2 Knoblauchzehen
1 rote Paprikaschote
2 kleine grüne Chilischoten
2 EL Tomatenmark
3–4 EL Gemüsebrühe
3 EL Petersilie, fein gehackt
1 Msp. Zucker
Kräutersalz
Pfeffer aus der Mühle

Guacamole [Abb. rechts]

> Avocados halbieren, den Kern entfernen und das Fruchtfleisch mit einem Löffel aus der Schale lösen. Fruchtfleisch klein schneiden und mit dem Limettensaft fein pürieren.

> Zwiebel schälen und fein hacken. Mit der sauren Sahne unter das Avocadopüree mengen. Mit Salz, Pfeffer und Brühe abschmecken. Guacamole in Schälchen füllen und servieren.

> Nährwerte pro Person:
426 kcal, 1782 kJ, 8 g EW,
25 g F, 38 g KH

FÜR 4 PERSONEN:

2 reife Avocados
Saft von 1 Limette
1 rote Zwiebel
200 g saure Sahne
Salz
Pfeffer aus der Mühle
1 TL gekörnte Brühe

Tomatensalsa und Guacamole werden klassisch zu Tortillachips gereicht. Aber auch auf geröstetem Weißbrot oder zu gegrilltem Fleisch und Fisch schmecken die Soßen köstlich.

Zaziki [einfach gut]

FÜR 4 PERSONEN:
½ Salatgurke
Salz
3 Knoblauchzehen
1 Stängel Zitronenmelisse oder 1 Bd. Dill
200 g Sahnejoghurt
500 g Quark (20 % Fett i. Tr.)
3 EL Olivenöl
weißer Pfeffer

> Gurke schälen, längs halbieren und die Kerne mit einem Teelöffel herauskratzen. Gurke grob raspeln, mit 1 TL Salz bestreuen und ca. 10 Minuten ziehen lassen.

> Knoblauch schälen und durch die Presse drücken. Melisse oder Dill waschen, trocken schütteln und fein hacken. Joghurt mit Quark und Öl verrühren.

> Gurkenraspel gut ausdrücken, mit Knoblauch unter die Joghurtmischung mengen. Mit Salz und Pfeffer abschmecken. Kräuter unterrühren.

> Nährwerte pro Person: 118 kcal, 494 kJ, 7 g EW, 8 g F, 5 g KH

Das Rezept für Zaziki kommt ursprünglich aus Griechenland. Dort wird die Soße mit Brot als Vorspeise oder zu Fleischgerichten wie Gyros und Souflaki gereicht.

Zitronensoße [fruchtig-aromatisch]

FÜR 4 PERSONEN:
1 Zwiebel
1 Knoblauchzehe
2 EL Butter
¼ l Hühnerbrühe
3 TL heller Soßenbinder
250 g Mascarpone
1 Zitrone (unbehandelt)
Salz
Cayennepfeffer
Zucker

> Zwiebel und Knoblauch schälen und fein hacken. Butter in einem Topf erhitzen und beides darin unter Rühren anschwitzen.

> Brühe angießen und den Soßenbinder einstreuen. Das Ganze kurz kochen lassen, dann die Hitze reduzieren und den Mascarpone in die heiße, aber nicht mehr kochende Soße einrühren. Die Soße warm halten.

> Zitrone heiß waschen, trocken reiben, die Schale fein abreiben und den Saft auspressen. Zitronenschale und -saft unter die Soße mischen und mit Salz, Cayennepfeffer und Zucker abschmecken.

> Nährwerte pro Person: 347 kcal, 1452 kJ, 11 g EW, 28 g F, 11 g KH

Die Zitronensoße passt gut zu gedünstetem Fisch oder auch zu gegrilltem Geflügelfleisch.

Nudelsoßen

JUNGE KÜCHE

Grünes Pesto [Abb. oben]

FÜR 4 PERSONEN:
2 EL Pinienkerne
1 großes Bd. Basilikum
3 Knoblauchzehen
Salz
1/8 l Olivenöl
50 g Parmesan, frisch gerieben

> Pinienkerne in einer Pfanne ohne Fett unter Rühren rösten, bis sie duften. Pfanne vom Herd nehmen.

> Basilikum waschen, trocken schütteln und die Blättchen abzupfen. Knoblauch schälen und klein schneiden. Mit Basilikumblättchen, Pinienkernen und 1 Prise Salz im Mixer pürieren oder im Mörser zerstoßen.

> Basilikummischung in eine Schüssel umfüllen. Olivenöl und Parmesan portionsweise unterrühren, bis das Pesto eine cremige Konsistenz erhält. Mit Salz abschmecken.

> Nährwerte pro Person:
383 kcal, 1602 kJ, 7 g EW, 39 g F, 3 g KH

Pesto mit Chili [Abb. links]

FÜR 4 PERSONEN:
75 g Pinienkerne
2 kleine rote Chilischoten
1 kleines Bd. Koriander
1 kleines Bd. Basilikum
75 g Parmesan
Salz
1/8 l Olivenöl
Tabasco

> Pinienkerne in einer Pfanne ohne Fett unter Rühren rösten, bis sie duften. Pfanne vom Herd nehmen.

> Chilischoten längs halbieren, unter fließendem Wasser entkernen und die Schoten ohne Stielansätze fein würfeln. Koriander und Basilikum waschen, trocken schütteln und die Blättchen abzupfen.

> Parmesan reiben. Koriander- und Basilikumblättchen, Pinienkerne und 1 Prise Salz im Mixer pürieren oder im Mörser zerstoßen.

> Kräutermischung in eine Schüssel umfüllen. Olivenöl und Parmesan portionsweise unterrühren, bis das Pesto cremig wird. Mit Salz und Tabasco abschmecken.

> Nährwerte pro Person:
481 kcal, 2013 kJ, 12 g EW, 47 g F, 3 g KH

Auch gut: rotes Pesto (Abb. unten). Dafür 25 g Pinienkerne in einer Pfanne ohne Fett unter Rühren rösten, bis sie duften. Pfanne vom Herd nehmen. 100 g getrocknete Tomaten in Öl (Glas) gut abtropfen lassen und klein schneiden. 50 g Parmesan reiben. 2 Knoblauchzehen schälen und klein schneiden. Pinienkerne, Tomaten, Parmesan und Knoblauch im Mixer oder im Mörser zerkleinern. 150 ml Olivenöl untermengen. Mit Pfeffer und Salz abschmecken.

Zucchini-Käse-Soße [Abb.]

FÜR 4 PERSONEN:
400 g Zucchini
2 Knoblauchzehen
3 EL Olivenöl
Salz
Pfeffer aus der Mühle
1 TL getrockneter Thymian
½ TL getrockneter Rosmarin
50 g Gorgonzola
75 g Frischkäse
200 g saure Sahne
2 EL Dillspitzen, gehackt

> Die Zucchini putzen, waschen, trocken tupfen und in Scheiben schneiden. Knoblauch schälen und sehr fein hacken.

> Olivenöl in einem Topf erhitzen und Zucchini mit dem Knoblauch kurz andünsten. Mit Salz, Pfeffer, Thymian und Rosmarin würzen und zugedeckt bei schwacher Hitze ca. 10 Minuten bissfest garen; dabei immer wieder umrühren.

> Gorgonzola mit Frischkäse, saurer Sahne und dem gehackten Dill vermengen. Käsemischung zu den Zucchini geben, unterrühren und ca. 15 Minuten köcheln lassen, bis die Soße sämig ist. Nochmals abschmecken und die Soße heiß servieren.

> Nährwerte pro Person:
265 kcal, 1109 kJ, 9 g EW, 23 g F, 7 g KH

Die Zucchini-Käse-Soße passt hervorragend zu bissfest gekochten Bandnudeln.

Brokkoli-Mandel-Soße [mal anders]

FÜR 4 PERSONEN:
500 g Brokkoli
Salz
4 Sardellenfilets
100 ml Olivenöl
1 Knoblauchzehe
1 TL Petersilie, fein gehackt
2 EL Crème fraîche
½ TL abgeriebene Zitronenschale (unbehandelt)
50 g Mandeln, gehackt

> Brokkoli putzen, waschen und in Röschen teilen. Stiele schälen und klein schneiden. Reichlich Salzwasser aufkochen und den Brokkoli darin ca. 4 Minuten blanchieren. Anschließend abgießen, abschrecken und abtropfen lassen.

> Sardellenfilets hacken. Öl erhitzen und die Sardellen darin andünsten. Knoblauch schälen, hacken und mit der Petersilie hinzufügen. Crème fraîche und Zitronenschale unterrühren.

> Den Brokkoli zugeben und in der Soße ca. 3 Minuten erhitzen. Mandeln untermengen. Soße heiß servieren.

> Nährwerte pro Person:
372 kcal, 1556 kJ, 10 g EW, 35 g F, 5 g KH

Anstatt der Mandeln können auch Hasel- oder Walnüsse verwendet werden.

Fruchtige Tomatensoße [klassisch-würzig]

FÜR 8 PERSONEN:

1½ kg vollreife Tomaten
2 Zwiebeln
4–5 Knoblauchzehen
2 Möhren
¼ Sellerieknolle
1 gelbe Paprikaschote
1 kleine Stange Lauch
1 Zucchini
1 Bd. Petersilie
4 EL Olivenöl
½ TL italienische Kräuter
½ TL Currypulver
Salz
Pfeffer aus der Mühle
1 TL Zucker
Parmesan, frisch gerieben, zum Bestreuen

> Tomaten kreuzweise einritzen, mit kochendem Wasser überbrühen, häuten, entkernen und das Fruchtfleisch grob hacken.

> Zwiebeln und Knoblauchzehen schälen und hacken. Möhren und Sellerieknolle schälen, putzen, waschen und in kleine Würfel schneiden. Paprikaschote halbieren, von Kernen und weißen Innenhäuten befreien, putzen, waschen und klein schneiden.

> Lauch putzen, längs halbieren, waschen und klein schneiden. Zucchini putzen, waschen und in feine Würfel schneiden. Petersilie waschen, trocken schütteln und fein hacken, dabei grobe Stielenden entfernen.

> Öl in einem großen Topf erhitzen und Zwiebel-, Knoblauch-, Möhren-, Sellerie-, Paprika-, Lauch- und Zucchiniwürfel darin anbraten. Mit Kräutern, Currypulver, Salz, Pfeffer und Zucker kräftig würzen.

> Sobald die Gemüsewürfel Farbe annehmen, Tomaten und Petersilie zugeben und alles ca. 20 Minuten einkochen lassen. Mit Salz und Pfeffer abschmecken und nach Wunsch mit Parmesan bestreut zu Nudeln servieren.

> Nährwerte pro Person:
107 kcal, 443 kJ, 3 g EW,
6 g F, 10 g KH

Die Tomatensoße lässt sich auch gut einfrieren. Einfach portionsweise in geeignete Gefäße füllen, abkühlen lassen und einfrieren.

Noch ein Klassiker: Bolognesesoße. Dafür 2 Stangen Sellerie putzen und waschen. 1 Möhre schälen, putzen und waschen. Beides klein schneiden.
1 große Zwiebel und 2 Knoblauchzehen schälen und hacken. 80 g Bauchspeck klein würfeln.
In einem Topf die Speckwürfel ohne Fett auslassen. 2 EL Butter zufügen und das klein geschnittene Gemüse darin anbraten. 300 g Hackfleisch dazugeben und unter Rühren krümelig braten. ⅛ l Rotwein angießen und einkochen lassen. 400 g Tomaten (Dose) zugeben, alles gut vermengen, mit Salz und Pfeffer würzen. Die Soße ca. 45 Minuten einkochen lassen, bis sie sämig wird.

Käsesoße mit Thymian [Abb. rechts]

FÜR 4 PERSONEN:
400 ml Gemüsebrühe
200 g Doppelrahmfrischkäse
150 g Mascarpone
50 g Parmesan, gerieben
1 TL Thymianblättchen, frisch gehackt
2 EL Zitronensaft
Salz
Pfeffer aus der Mühle
Muskatnuss, frisch gerieben
Cayennepfeffer

> Gemüsebrühe in einem Topf aufkochen lassen. Frischkäse, Mascarpone und Parmesan untermengen und alles bei schwacher Hitze unter Rühren kochen lassen, bis sich der Käse aufgelöst hat.

> Thymian zugeben und die Soße zugedeckt bei schwacher Hitze ca. 10 Minuten köcheln lassen, dabei immer wieder umrühren. Mit Zitronensaft, Salz, Pfeffer, Muskatnuss und Cayennepfeffer würzen.

> Nährwerte pro Person: 374 kcal, 1565 kJ, 14 g EW, 33 g F, 5 g KH

Die Käsesoße passt besonders gut zu Gnocchi oder aber geformter Pasta (z. B. Farfalle oder Fusilli), die dicke Sahnesoßen gut aufnimmt.

Brokkoli-Parmesan-Soße [Abb. links]

FÜR 4 PERSONEN:
500 g Brokkoli
Salz
1 Schalotte
1 EL Butter
400 ml Gemüsebrühe
100 g Sahne
50 g Parmesan, gerieben
Pfeffer aus der Mühle
Muskatnuss, frisch gerieben

> Brokkoli putzen, waschen und in kleine Röschen teilen, die Stiele schälen und klein würfeln. Brokkolistiele in kochendem Salzwasser ca. 8 Minuten blanchieren, die Röschen nach der Hälfte der Zeit zugeben und mitgaren. Anschließend alles in ein Sieb abgießen, eiskalt abschrecken und gut abtropfen lassen.

> Schalotte schälen und in kleine Würfel schneiden. In einem Topf die Butter schmelzen und die Schalotte darin glasig dünsten. Brokkoli zugeben und unter Rühren kurz mit andünsten.

> Brühe und Sahne angießen, das Ganze bei schwacher Hitze ca. 10 Minuten zugedeckt köcheln lassen, dann mit dem Stabmixer fein pürieren. Parmesan in die Soße einrühren und mit Salz, Pfeffer und Muskat würzen.

> Nährwerte pro Person: 193 kcal, 808 kJ, 10 g EW, 15 g F, 6 g KH

Ochsenschwanzsugo [Abb.]

> Ochsenschwanz abbrausen und trocken tupfen. Schalotten und Knoblauch schälen und fein hacken. Sellerie putzen, waschen und in dünne Scheiben schneiden. Möhren schälen, putzen, waschen und in ca. 1 cm große Würfel schneiden.

> Öl erhitzen und Ochsenschwanz darin von allen Seiten kräftig anbraten. Schalotten, Knoblauch, Möhren und Sellerie dazugeben und 2–3 Minuten mitbraten. Hitze reduzieren.

> Ochsenschwanzmischung mit Salz und Pfeffer würzen und Majoranstängel zugeben. Rotwein angießen und fast vollständig verkochen lassen, dann stückige Tomaten, Brühe und Tomatenmark zugeben. Zugedeckt bei schwacher Hitze ca. 2 ½ Stunden köcheln lassen.

> Ochsenschwanz aus der Soße heben, Fleisch von den Knochen lösen und dieses fein würfeln. Mit gehacktem Majoran wieder zur Soße geben und mit Essig, 1 Prise Zucker, Salz und frischem Pfeffer würzen, dann den Sugo nochmals abschmecken.

> Nährwerte pro Person:
421 kcal, 1761 kJ, 34 g EW,
21 g F, 17 g KH

FÜR 4 PERSONEN:
1,2 kg Ochsenschwanz (in kleinen Stücken)
2 Schalotten
2 Knoblauchzehen
3 Stangen Sellerie
2 Möhren
2–3 EL Öl
Salz
Pfeffer aus der Mühle
2 Stängel Majoran
300 ml kräftiger Rotwein
800 g stückige Tomaten (Dose)
400 ml Rinderbrühe
1 EL Tomatenmark
1 EL Majoranblättchen, frisch gehackt
2 EL Balsamico-Essig
Zucker

Der Ochsenschwanz liefert kerniges Fleisch, ähnlich dem aus dem Vorderbein (Hesse). Es enthält Gallertstoffe, die Soßen und Suppen die richtige Bindung geben.

Parmesan-Sahne-Soße [einfach anders]

> Parmesan fein reiben. Petersilie waschen, trocken schütteln und fein hacken, dabei grobe Stielenden entfernen.

> Butter in einem Topf zerlassen. Parmesan und Sahne einrühren, das Ganze bei mittlerer Hitze aufkochen und unter Rühren eindicken lassen.

> Die gehackte Petersilie unter die Soße heben. Mit Salz und frisch gemahlenem Pfeffer pikant abschmecken. Heiß servieren.

> Nährwerte pro Person:
560 kcal, 2343 kJ, 15 g EW,
54 g F, 4 g KH

FÜR 4 PERSONEN:
150 g Parmesan
½ Bd. Petersilie
90 g Butter
300 g Sahne
Salz
Pfeffer aus der Mühle

Kürbissoße [Abb. hinten]

FÜR 4 PERSONEN:
800 g Hokkaidokürbis
1 Zwiebel
6 Zweige Thymian
2 EL Öl
1/4 l Gemüsebrühe
1 Lorbeerblatt
1 EL Kreuzkümmelpulver
Salz
Pfeffer aus der Mühle
2 EL heller Balsamico-Essig
100 g schwarze Oliven, entsteint
1 EL Honig

> Kürbis schälen, halbieren, Kerne mit einem Löffel entfernen und das Fruchtfleisch in ca. 2 cm große Würfel schneiden. Zwiebel schälen und in kleine Würfel schneiden.

> Thymian waschen, trocken schütteln, Blättchen abzupfen und fein hacken. Das Öl in einem Topf erhitzen, Zwiebel und Kürbis kurz darin andünsten, dann mit Gemüsebrühe ablöschen und die Gewürze (Lorbeerblatt, Kreuzkümmel, etwas Salz, Pfeffer, gehackten Thymian) zufügen.

> Die Soße bei mittlerer Hitze 15–20 Minuten köcheln lassen, bis der Kürbis weich ist. Dann Essig zufügen und noch einmal aufkochen.

> Oliven in Scheiben schneiden und mit Honig in die Soße geben. Nochmals abschmecken, in eine Sauciere füllen und zu Nudeln servieren.

> Nährwerte pro Person:
210 kcal, 879 kJ, 5 g EW,
13 g F, 18 g KH

Rote-Bete-Soße mit Mohn [Abb. vorne]

FÜR 4 PERSONEN:
600 g Rote Bete
1 EL gekörnte Brühe
1 Lorbeerblatt
1/2 EL Majoran, gerebelt
1/2 EL Bohnenkraut
2 EL Weißweinessig
3 Frühlingszwiebeln
3 EL Butter
3 EL Mohn
150 g saure Sahne
Salz
Pfeffer aus der Mühle

> Rote Bete waschen, mit Küchenhandschuhen schälen, putzen und klein schneiden. In einem Topf 3/4 l Wasser zum Kochen bringen, gekörnte Brühe und Rote Bete zufügen.

> Lorbeer, Majoran, Bohnenkraut und die Rote Bete bei mittlerer Hitze ca. 50 Minuten weich kochen. Kurz vor Garzeitende Essig zufügen.

> Frühlingszwiebeln putzen, waschen und in feine Ringe schneiden. Frühlingszwiebeln mit Butter und Mohn in einer Pfanne mehrere Minuten unter Rühren rösten, 2/3 der Zwiebelmischung zur Roten-Bete-Soße geben. Das Lorbeerblatt entfernen und die Soße pürieren.

> Saure Sahne zufügen und gut unterrühren, dabei nicht mehr kochen lassen. Mit Salz und Pfeffer abschmecken und in eine Sauciere füllen. Mit den restlichen Frühlingszwiebeln garniert zu Nudeln oder Fisch reichen.

> Nährwerte pro Person:
250 kcal, 1046 kJ, 6 g EW,
17 g F, 18 g KH

Paprikasoße mit Feta [würzig-aromatisch]

FÜR 4 PERSONEN:
je 1 rote und gelbe Paprika
1 Zwiebel
2 Knoblauchzehen
3 EL Olivenöl
1 EL Paprikamark
3 Stängel Petersilie
150 g Feta

> Paprika halbieren, von Kernen und Innenhäuten befreien, putzen, waschen und in kleine Würfel schneiden. Zwiebel und Knoblauch schälen und beides hacken.

> Olivenöl in einer Pfanne erhitzen und die Zwiebel sowie Knoblauch darin andünsten. Paprikastücke zugeben und kurz mitbraten. Paprikamark untermengen, 1 kräftigen Schuss Wasser zugeben und das Ganze bei mittlerer Hitze ca. 5 Minuten kochen lassen.

> Petersilie waschen, trocken schütteln und fein hacken, dabei grobe Stielenden entfernen. Feta zerkleinern und kurz vor dem Servieren mit der Petersilie unter die Soße mengen.

> Nährwerte pro Person:
166 kcal, 694 kJ, 8 g EW,
12 g F, 7 g KH

Noch würziger wird die Soße, wenn man zusätzlich 2–3 EL schwarze Oliven, entsteint und klein geschnitten, untermengt.

Käsesoße [cremig]

FÜR 4 PERSONEN:
1 Bd. Frühlingszwiebeln
2 EL Olivenöl
75 g Blauschimmelkäse
75 g Camembert
125 g Mozzarella
1/4 l Weißwein
150 g Crème fraîche
Pfeffer aus der Mühle

> Frühlingszwiebeln putzen, waschen und den dunkelgrünen Teil entfernen. Die Zwiebeln und den hellgrünen Teil in grobe Stücke schneiden und im heißen Olivenöl auf allen Seiten anbraten, bis sie Farbe nehmen. Zwiebeln herausnehmen und warm halten.

> Blauschimmelkäse, Camembert und Mozzarella in kleine Stücke schneiden, in einen Topf geben und bei schwacher Hitze unter Rühren schmelzen lassen. Dabei nach und nach den Weißwein zugeben.

> Crème fraîche unter Rühren zur Soße geben und das Ganze mit frisch gemahlenem Pfeffer würzen. Vor dem Servieren die angebratenen Zwiebeln untermengen.

> Nährwerte pro Person:
396 kcal, 1657 kJ, 15 g EW,
30 g F, 4 g KH

Cremige Dips

JUNGE KÜCHE

Joghurtdip mit Mango [Abb.]

FÜR 4 PERSONEN:
450 g reife Mango
1 Limette (unbehandelt)
30 g frische Ingwerwurzel
1 EL Öl
2 TL mildes Currypulver
150 g Vollmilchjoghurt
150 g Crème fraîche
Salz
weißer Pfeffer
½–1 Bd. Schnittlauch

> Mango schälen und das Fruchtfleisch in ½ cm dicken Scheiben vom Stein schneiden. Scheiben in kleine Würfel schneiden.

> Limette heiß waschen und trocken reiben. Schale fein abreiben und den Saft auspressen. Mangowürfel mit 1 TL Limettenschale und 2 EL Limettensaft mischen. Ingwer schälen, fein hacken oder reiben und zur Mango geben.

> Öl in einer kleinen Pfanne erhitzen und Curry darin bei schwacher Hitze unter Rühren kurz rösten.

> Pfanne vom Herd nehmen, Curry mit Joghurt und Crème fraîche verrühren. Mangowürfel unterheben und den Dip mit Salz und Pfeffer abschmecken.

> Schnittlauch waschen, trocken schütteln und in Röllchen schneiden. Den größten Teil unter den Joghurtdip heben, mit den restlichen Schnittlauchröllchen garnieren und servieren.

> Nährwerte pro Person:
236 kcal, 987 kJ, 4 g EW,
14 g F, 22 g KH

Dieser Joghurtdip schmeckt im Sommer auch sehr gut mit Aprikosen: 400 g Aprikosen waschen, trocken tupfen und entsteinen. Fruchtfleisch in kleine Würfel schneiden und mit Limettenschale, -saft und Ingwer mischen. Wie beschrieben fortfahren.

Rucoladip mit Schinken [würzig-cremig]

FÜR 4 PERSONEN:
2 EL Pinienkerne
1 Bd. Rucola
100 g Parmaschinken
250 g Ricotta
Salz
Pfeffer aus der Mühle

> Pinienkerne in einer Pfanne ohne Fett unter Rühren rösten. Pfanne vom Herd nehmen und abkühlen lassen.

> Rucola waschen, trocken schütteln und fein hacken, dabei grobe Stielenden entfernen. Schinken nach Wunsch vom Fettrand befreien und klein schneiden.

> Ricotta in eine Schüssel geben und geröstete Pinienkerne, Schinken und Rucola untermengen. Mit Salz und frisch gemahlenem Pfeffer pikant abschmecken.

> Nährwerte pro Person:
182 kcal, 761 kJ, 14 g EW,
13 g F, 2 g KH

Fischdip [Abb.]

FÜR 4 PERSONEN:
1/2 Sellerieknolle
1 EL Butter
1 Zwiebel
50 ml Gemüsebrühe
Salz, Zucker
400 geräucherte Forellenfilets
1/2 Bd. Schnittlauch
1 grüner, säuerlicher Apfel
100 ml Sahne
200 g Sauerrahm
1 EL Zitronensaft
1 Msp. gekörnte Brühe
1 TL Sahnemeerrettich
Pfeffer aus der Mühle

> Sellerie schälen und in feine Streifen schneiden. Sellerie in Butter andünsten. Zwiebel schälen, würfeln und zum Sellerie geben. Mit Brühe angießen, leicht salzen und 1 Prise Salz zugeben.

> Zugedeckt bei mittlerer Hitze ca. 10 Minuten weich dünsten. Danach das Gemüse abtropfen lassen und im Eiswasserbad abkühlen lassen.

> Forellenfilets zerrupfen. Schnittlauch waschen, trocken schütteln und in Röllchen schneiden. Apfel schälen, vierteln, Kerngehäuse entfernen, raspeln und mit der Sellerie-Zwiebel-Mischung vermengen.

> Sahne steif schlagen. Den Sauerrahm mit Zitronensaft, gekörnter Brühe und Sahnemeerrettich glattrühren und mit dem Fisch zur Sellerie-Mischung geben; Schnittlauch hinzufügen. Zum Schluss die Sahne vorsichtig unterheben und mit Salz und frischem Pfeffer würzig abschmecken.

> Nährwerte pro Person:
327 kcal, 1368 kJ, 26 g EW,
20 g F, 11 g KH

Olivendip [würzig]

FÜR 4 PERSONEN:
300 g gemischte Oliven
2 Knoblauchzehen
2 Sardellenfilets
2 EL Thymianblättchen, frisch gehackt
1/4 TL abgeriebene Orangenschale (unbehandelt)
2 EL Dijonsenf
1/8 l Olivenöl
4 EL Limettensaft
Salz, Pfeffer
Cayennepfeffer
Thymian zum Garnieren

> Oliven bei Bedarf entsteinen, fein hacken oder in der Küchenmaschine zerkleinern und in eine Schüssel geben. Knoblauch schälen und dazupressen.

> Sardellenfilets kalt abspülen, trocken tupfen und fein hacken. Mit den gehackten Thymianblättchen, Orangenschale, Dijonsenf, Olivenöl und Limettensaft zur Olivenmischung geben und alles gut vermengen.

> Olivendip mit Salz, Pfeffer und Cayennepfeffer würzig abschmecken und mit Thymian garniert servieren.

> Nährwerte pro Person:
424 kcal, 1774 kJ, 3 g EW,
42 g F, 7 g KH

Zum Olivendip passt Fladenbrot oder aber würziges Bauernbrot. Dazu einen Tomatensalat mit Schafskäse – und fertig ist der mediterrane Vorspeisenteller!

Baba Ganoush [Abb. hinten]

FÜR 4 PERSONEN:
3 kleine Auberginen
1 Knoblauchzehe
1 EL Sesampaste (Tahina)
2 EL Olivenöl
4 EL Zitronensaft
Salz
gemahlener Kreuzkümmel

> Backofen auf 220 Grad vorheizen. Auberginen waschen, trocken tupfen und mit einer Gabel mehrmals einstechen. Auf ein mit Backpapier belegtes Blech geben und im heißen Ofen 30–40 Minuten weich backen.

> Auberginen aus dem Ofen nehmen und abkühlen lassen. Anschließend halbieren und das Fruchtfleisch aus der Schale lösen. Knoblauch schälen, zerdrücken und mit dem Auberginenfruchtfleisch in den Mixer geben.

> Sesampaste, Olivenöl und Zitronensaft zur Auberginenmischung geben und alles pürieren. Auberginenmus in eine Schüssel füllen und mit Salz und Kreuzkümmel abschmecken.

> Nährwerte pro Person:
145 kcal, 607 kJ, 4 g EW,
9 g F, 11 g KH

Hummus [Abb. vorne]

FÜR 4 PERSONEN:
400 g Kichererbsen (Dose)
2 Knoblauchzehen
3 EL Sesampaste (Tahina)
4 EL Sesamöl
5 EL Zitronensaft
Harissapaste
Salz

> Kichererbsen samt Flüssigkeit in einen Topf geben. Den Deckel auflegen und die Kichererbsen in 20–30 Minuten weich kochen. Anschließend in ein Sieb abgießen, dabei die Flüssigkeit auffangen, und abtropfen lassen.

> Knoblauch schälen, mit einem breiten Messerrücken zerdrücken und in den Mixer geben. Kichererbsen, Sesampaste, Sesamöl und Zitronensaft zugeben und alles fein pürieren.

> Hummus mit Harissapaste und Salz abschmecken und je nach gewünschter Konsistenz evtl. etwas Kochwasser untermischen.

> Nährwerte pro Person:
221 kcal, 925 kJ, 7 g EW,
13 g F, 19 g KH

Dazu passt Pfannenbrot. Dafür 15 g frische Hefe in 175 ml Wasser auflösen. 250 g Mehl mit der Hefelösung und 1/2 TL Salz zu einem glatten Teig verkneten. Abgedeckt an einem warmen Ort ca. 1 Stunde gehen lassen. Brotteig in 4 Stücke teilen, zu Bällchen formen und auf der bemehlten Arbeitsfläche ca. 1/2 cm dick ausrollen. Teigfladen abdecken und weitere ca. 20 Minuten gehen lassen. Eine schwere Pfanne ohne Fett erhitzen und die Fladen darin bei starker Hitze 3–4 Minuten backen, bis sie leicht braun sind. Dabei ständig mit einem Tuch auf die Fladen drücken, damit sich keine Blasen bilden.

Noch mehr Genusszeit: Dips aufs Brot

Dips machen nicht nur mit Gemüsesticks, Crackern & Co. eine gute Figur, sondern sind auch auf Brot unschlagbar. Mit cremigen Quarkdips, herzhaften Käsecremes oder pikanten Fruchtaufstrichen wird jede Brot- zur Genusszeit. Hier die Stars unter den Verwandlungskünstlern: Schnell gedippt oder sinnlich gestrichen sind sie immer eine Gaumenfreude.

Bayerische Käsecreme

> 1 Zwiebel schälen und sehr fein hacken. 300 g reifen Camembert klein schneiden und in einer Schüssel mit einer Gabel zerdrücken.

> 50 g Butter, 2 EL Doppelrahmfrischkäse und Zwiebel unter den Camembert mischen. Käsemischung mit Salz, Pfeffer, edelsüßem Paprikapulver und nach Wunsch mit 2 TL Kümmel pikant würzen.

> Käsecreme mit 1 EL Schnittlauchröllchen bestreuen und mit Zwiebelringen garniert servieren.

Radieschenquark

> 1 Bd. Radieschen putzen, waschen und in dünne Stifte schneiden. Mit etwas Salz würzen und beiseitestellen.

> 250 g Magerquark (z. B. von Alnatura), 200 g Frischkäse und 2–3 EL Naturjoghurt glatt rühren. Mit Salz, schwarzem Pfeffer aus der Mühle und etwas Zitronensaft abschmecken. Anschließend die Radieschenstifte untermengen.

> 1 Bd. Schnittlauch waschen, trocken tupfen und in Röllchen schneiden. Kresse aus 1 Kästchen vom Beet schneiden, waschen und trocken tupfen. Beides unter den Quark mischen.

Es können zusätzlich 2 kleine Gewürzgurken, fein gewürfelt, untergemengt werden.

Gorgonzoladip

> 1 Frühlingszwiebel putzen, waschen und den hellgrünen sowie den weißen Teil fein hacken. 2 EL Walnusskerne mittelfein hacken.

> In einer Schüssel 100 g Gorgonzola mit der Gabel zerdrücken. Mit Zwiebeln, Walnüssen, 3 EL Salatcreme und 100 g Quark vermengen. Nach Wunsch mit Pfeffer aus der Mühle würzen.

Noch aromatischer wird dieser Dip, wenn die gehackten Walnüsse vor der Verwendung in einer Pfanne ohne Fett unter Rühren geröstet werden.

Avocadodip mit Bärlauch

> 1 reife Avocado halbieren, den Stein entfernen und das Fruchtfleisch aus der Schale lösen. Fruchtfleisch in einer Schüssel mit 2 EL Zitronensaft beträufeln und mit der Gabel zerdrücken.

> 1 EL Pinienkerne in einer Pfanne ohne Fett unter Rühren rösten, dann abkühlen lassen. 1 Bd. Bärlauch waschen, trocken tupfen und fein hacken.

> Bärlauch, Pinienkerne und ½ EL Nussöl unter das Avocadopüree mengen. Mit Salz und Cayennepfeffer abschmecken.

Kichererbsendip

> 2 Dosen Kichererbsen (Abtropfgewicht 265 g) abtropfen lassen, danach zusammen mit 8 EL Cremefine zum Verfeinern, 4 geh. TL Paprikamark und ½ TL gemahlenem Kreuzkümmel pürieren.

> 2 Knoblauchzehen schälen und fein hacken. Unter das Kichererbsenmus mengen und das Ganze mit Salz und Pfeffer aus der Mühle abschmecken.

> 1 Bd. glatte Petersilie waschen, trocken schütteln und fein hacken, dabei grobe Stielenden entfernen. Unter den Kichererbsendip mengen und servieren.

Mango-Chili-Dip

> 1–2 Chilischoten längs aufschneiden, unter fließendem Wasser entkernen und die Schoten fein hacken. 2 reife Mangos (ca. 500 g) schälen, das Fruchtfleisch vom Stein lösen und in kleine Würfel schneiden.

> 50 ml Sonnenblumenöl (z. B. von Livio) in einem kleinen Topf erhitzen, 1 TL mildes Currypulver mit Chilis darin unter Rühren leicht anrösten. Topf vom Herd nehmen und abkühlen lassen.

> Mangowürfel mit dem Curryöl und 30 ml Wasser fein pürieren. Mangosoße mit Salz sowie Pfeffer würzen und mit einer Chilischote garniert servieren.

Der Mangodip passt auch gut als Soße zu Fondue.

Mandelcreme

> 150 g Dickmilch mit 50 g gemahlenen Mandeln sowie 2 EL Obstessig und 1 TL Honig glatt rühren.

> 1 kleines Stück Ingwer schälen und fein reiben. Mandelcreme mit Salz, Pfeffer, Ingwer und Cayennepfeffer würzen und abschmecken.

Der Dip schmeckt toll auf Brot – wer mag, kann dünne Mangospalten daraufgeben.

Asiatischer Erdnussdip [fernöstlich köstlich]

FÜR 4 PERSONEN:
100 g Erdnüsse, geröstet und gesalzen
1 Zwiebel
2 Knoblauchzehen
15 g frische Ingwerwurzel
1 Stiel Zitronengras
1 kleine grüne Chilischote
1 TL Kreuzkümmelsamen
1 TL Koriandersamen
3 EL Öl
400 ml Kokosmilch (Dose)
1–2 EL Fischsoße
Zucker
Salz

> Erdnüsse klein hacken. Zwiebel, Knoblauchzehen sowie den Ingwer schälen und alles fein hacken. Zitronengras putzen, waschen und in feine Ringe schneiden.

> Chilischote längs halbieren, unter fließendem Wasser entkernen und fein würfeln. Kreuzkümmel- und Koriandersamen in einer Pfanne ohne Fett unter Rühren rösten, bis die Gewürze duften. Herausnehmen und im Mörser zerstoßen.

> Öl in einer Pfanne erhitzen. Zwiebel, Knoblauch, Ingwer, Zitronengras und Chili darin ca. 3 Minuten unter Rühren dünsten. Erdnüsse, Gewürze und Kokosmilch zugeben und das Ganze unter Rühren ca. 5 Minuten leicht kochen lassen.

> Soße im Mixer oder mit dem Stabmixer fein pürieren, durch ein feines Sieb in einen Topf streichen, erhitzen und mit Fischsoße, Zucker und etwas Salz abschmecken. Lauwarm servieren.

> Nährwerte pro Person:
358 kcal, 1491 kJ, 13 g EW, 27 g F, 14 g KH

Wie wärs mit Fischfrikadellen zu dem leckeren Erdnussdip? Dazu 80 g Paniermehl und 100 ml Wasser in einer Schüssel vermengen und ca. 5 Minuten quellen lassen. 650 g Seelachs- oder Rotbarschfilets klein schneiden, dann portionsweise in der Küchenmaschine zerkleinern.
1 kleine Zwiebel schälen und hacken. 1/2 TL getrockneten Majoran, Paniermehl und Zwiebel mit 1 Ei unter den Fisch mengen. Mit Salz, Pfeffer, Schale und Saft von 1/2 Zitrone (unbehandelt) würzen. Mit feuchten Händen aus der Masse kleine Frikadellen formen. 3 EL Öl in einer Pfanne erhitzen und die Frikadellen darin bei mittlerer Hitze auf jeder Seite ca. 5 Minuten braten.

Walnuss-Kartoffel-Creme mit Gemüsesticks [Abb.]

> Kartoffeln putzen, waschen und in reichlich Salzwasser garen. Anschließend abgießen, pellen und durch eine Kartoffelpresse in eine Schüssel drücken.

> Walnüsse hacken und in einer Pfanne ohne Fett unter Rühren goldbraun rösten, bis sie duften. Zum Auskühlen auf einen Teller schütten. Zitrone heiß waschen, trocken reiben und die Schale abreiben, Saft auspressen.

> Knoblauch schälen und hacken. Olivenöl in einer kleinen Pfanne erhitzen. Knoblauch und Thymian darin kurz braten. Oliven fein schneiden.

> Möhren schälen, putzen und halbieren, große vierteln. Stangensellerie und Paprika abspülen, putzen und in Streifen schneiden.

> Kartoffelbrei mit Joghurt verrühren. So viel Zitronensaft unterrühren, bis eine Creme entsteht.

> Dip mit Salz und Pfeffer würzen. Knoblauch-Thymian-Mischung, Walnüsse, Zitronenschale und Oliven unterrühren, würzig abschmecken und mit den Gemüsesticks anrichten.

> Nährwerte pro Person:
269 kcal, 1128 kJ, 7 g EW,
17 g F, 20 g KH

FÜR 4 PERSONEN:
2 mehligkochende Kartoffeln
Salz
50 g Walnusskerne
1 Zitrone (unbehandelt)
1–2 Knoblauchzehen
1 TL Olivenöl
2 TL frische Thymianblättchen
40 g schwarze Oliven, entsteint
4 Möhren
1 Bd. Stangensellerie
je 1 rote, grüne und gelbe Paprikaschote
150 g Joghurt (10 % Fett)
Pfeffer aus der Mühle

Paprika-Schafskäse-Dip [geht schnell]

> Die gerösteten roten Paprikaschoten abtropfen lassen und mit dem Stabmixer pürieren. Schafskäse in einer Schüssel mit der Gabel zerdrücken.

> Petersilie waschen, trocken schütteln und hacken, dabei grobe Stielenden entfernen. Peperoni abtropfen lassen, entstielen und in dünne Ringe schneiden.

> Doppelrahmfrischkäse, Paprikamus, Peperoniringe und Petersilie unter den Schafskäse mengen. Nach Geschmack mit Salz und Pfeffer aus der Mühle würzen.

> Nährwerte pro Person:
167 kcal, 699 kJ, 8 g EW,
13 g F, 4 g KH

FÜR 4 PERSONEN:
4 geröstete rote Paprikaschoten (Glas)
100 g Schafskäse
½ Bd. Petersilie
4 eingelegte Peperoni (Glas)
100 g Doppelrahmfrischkäse
Salz
Pfeffer aus der Mühle

Der Dip passt gut zu Pellkartoffeln oder als Aufstrich für herzhafte Crêpes.

Tomaten-Basilikum-Soße [Abb.]

FÜR 4 PERSONEN:
100 g Tomatenmark
100 ml Weißwein
1 EL Zucker
50 ml Sonnenblumenöl (z. B. von Livio)
Pfeffer aus der Mühle
Salz
Cayennepfeffer
2 Tomaten
1 Bd. Basilikum
½ Bd. glatte Petersilie
50 g getrocknete Tomaten
Basilikum zum Garnieren

> Tomatenmark mit Weißwein, Zucker sowie Sonnenblumenöl glatt rühren. Soße mit Pfeffer, Salz sowie Cayennepfeffer würzig abschmecken.

> Tomaten waschen, vierteln, entkernen und das Fruchtfleisch in Würfel schneiden, dabei Stielansätze entfernen. Basilikum sowie Petersilie waschen, trocken schütteln, Blättchen von den Stängeln zupfen und fein hacken.

> Getrocknete Tomaten in kleine Würfel schneiden. Zusammen mit den frischen Tomatenstücken und den gehackten Kräutern zur Tomatenmark-Mischung geben und untermengen. Die Soße mit Basilikumblättchen garnieren und servieren.

> Nährwerte pro Person:
160 g kcal, 665 kJ, 3 g EW,
12 g F, 10 g KH

Noch fruchtiger wird die Soße, wenn statt des Weißweines ca. 50 ml Traubensaft hinzugefügt wird. Der Dip passt sehr gut als Soße zu Fondue.

Spinatdip [vitaminreich]

FÜR 4 PERSONEN:
150 g TK-Spinat
100 g Joghurt
100 g Mayonnaise
1 EL Estragonessig
1 EL Kapern
1 Bd. Petersilie
Salz
Pfeffer aus der Mühle

> Spinat nach Packungsanweisung auftauen, anschließend mit dem Stabmixer pürieren.

> Spinat mit Joghurt, Mayonnaise, Essig und Kapern in den Mixer geben und pürieren. Petersilie waschen, trocken schütteln, Blättchen abzupfen und fein hacken.

> Petersilienblättchen unter den Dip mengen. Mit Salz und Pfeffer würzig abschmecken.

> Nährwerte pro Person:
210 kcal, 890 kJ, 3 g EW,
22 g F, 2 g KH

Wer mag, kann auch frischen Spinat nehmen. Dann aber die doppelte Menge verwenden, verlesen, waschen und in einem Topf bei mittlerer Hitze tropfnass zusammenfallen lassen. Anschließend etwas ausdrücken, hacken und wie beschrieben verwenden.

Zucchini-Quark-Dip [ganz einfach]

FÜR 4 PERSONEN:
2 junge Zucchini (ca. 200 g)
½ Bd. Minze
2 Tomaten
250 g Quark
100 g saure Sahne
½ TL Honig
2 TL Olivenöl
½ TL Harissapaste
Salz
Minze zum Garnieren

> Zucchini putzen, waschen und fein raspeln. Minze waschen, trocken schütteln, Blättchen abzupfen und fein hacken. Tomaten waschen, vierteln, entkernen und das Fruchtfleisch ohne Stielansätze klein schneiden.

> Quark mit saurer Sahne, Honig, Olivenöl und Harissapaste verrühren. Mit Salz abschmecken.

> Tomatenstücke, Zucchini sowie die Minze unter den Dip mengen.

> Dip in eine Servierschüssel füllen und mit frischer Minze garniert servieren.

> Nährwerte pro Person:
142 kcal, 594 kJ, 11 g EW,
7 g F, 8 g KH

Der Dip ist der ideale Begleiter zu gegrilltem Fleisch oder Fisch.

Mandel-Tomaten-Dip [auch zu Pommes toll]

FÜR 4 PERSONEN:
300 g reife Tomaten
1 Knoblauchzehe
30 g Mandeln, gemahlen
4 EL Sojaöl
1 EL Nussöl
1 TL grüne Pfefferkörner (Glas)
50 g Sahne
Tabasco
Salz
1 Prise Zucker

> Tomaten kreuzweise einritzen, mit kochendem Wasser überbrühen, kurz ziehen lassen und anschließend häuten. Mit dem Stabmixer pürieren und durch ein Sieb in eine Schüssel streichen.

> Knoblauch schälen, durchpressen und unter das Tomatenpüree mengen. Mandeln ebenfalls untermengen. Nach und nach beide Ölsorten unterrühren, bis der Dip eine cremige Konsistenz hat.

> Pfefferkörner abtropfen lassen und mit einem breiten Messerrücken zerdrücken. Sahne steif schlagen, mit den Pfefferkörnern vermengen und anschließend unter den Dip ziehen. Dip mit Tabasco, Salz und Zucker abschmecken, in eine Servierschüssel füllen und servieren.

> Nährwerte pro Person:
209 kcal, 874 kJ, 3 g EW,
20 g F, 4 g KH

Wie wärs mit einem würzigen Hähnchenbrustsandwich? Einfach 1 kleines Hähnchenbrustfilet trocken tupfen, mit Salz und Pfeffer würzen, in 1 TL heißem Öl von beiden Seiten knusprig anbraten, Deckel auflegen und das Fleisch bei mittlerer Hitze in ca. 8 Minuten fertig braten. Anschließend herausnehmen und in dünne Scheiben schneiden. 2 Scheiben Sandwichbrot toasten, mit dem Mandel-Tomaten-Dip bestreichen, 1 Scheibe mit den Fleischstreifen belegen, zweite Scheibe auflegen und genießen.

Chutneys & Relishes

JUNGE KÜCHE

Pikantes Mangochutney [Abb. hinten]

FÜR 2 GLÄSER (À CA. 250 G):

2 Mangos (ca. 500 g)
1 EL Zitronensaft
1 Zwiebel
4 Knoblauchzehen
30 g frische Ingwerwurzel
1 Stiel Zitronengras
2 rote Chilischoten
150 g Zucker
je 1 TL Pfeffer-, Piment- und Korianderkörner
Salz
2 EL Weißweinessig

> 2 Twist-off-Gläser heiß ausspülen und auf einem Küchentuch kopfüber abtropfen lassen. Mangos schälen, Fruchtfleisch von den Steinen schneiden, in kleine Würfel schneiden und mit Zitronensaft vermengen.

> Zwiebel, Knoblauch und Ingwer schälen und fein hacken. Zitronengras waschen, die äußeren Blätter entfernen, Wurzelansatz und oberen Teil abschneiden. Zitronengrasstiel fein hacken. Chilis waschen, putzen, nach Wunsch entkernen und fein schneiden.

> Zucker und 1 EL Wasser in einen Topf geben und erhitzen. Wenn der Zucker Blasen wirft, Zwiebel, Knoblauch, Ingwer, Zitronengras und Chili zugeben und bei schwacher Hitze ca. 5 Minuten dünsten.

> Mangostücke unter die Zuckermischung mengen und das Ganze ca. 5 Minuten dünsten. Gewürze in einem Mörser fein zerstoßen und zugeben. Weißweinessig untermischen und das Ganze erneut aufkochen lassen.

> Mangochutney noch heiß in die Gläser füllen und diese gut verschließen. Vor dem Servieren kalt stellen.

> Nährwerte pro Glas:
517 kcal, 2163 kJ, 3 g EW,
2 g F, 117 g KH

Feigenchutney [Abb. vorne]

FÜR 2 GLÄSER (À CA. 300 G):

250 g getrocknete Feigen
1 Zwiebel
2 Knoblauchzehen
20 g frische Ingwerwurzel
je 1 TL Pfeffer-, Piment- und Senfkörner
2 Gewürznelken
2 getrocknete Chilischoten
Salz
1/8 l Weißweinessig

> 2 Twist-off-Gläser heiß ausspülen und auf einem Küchentuch kopfüber abtropfen lassen. Die Feigen auf ein mit Backpapier ausgelegtes Blech legen und im vorgeheizten Backofen bei 220 Grad auf der oberen Schiene ca. 10 Minuten backen.

> Zwiebel, Knoblauch und Ingwer schälen und alles fein hacken. Pfeffer-, Piment- sowie die Senfkörner, Nelken und Chilis mit etwas Salz in einen Mörser geben und zerstoßen.

> Feigen in kleine Stücke schneiden, mit Zwiebel, Knoblauch, Ingwer und zerstoßenen Gewürzen in einen Topf geben. Essig und 1/2 l Wasser zugießen, langsam aufkochen und offen bei schwacher Hitze ca. 30 Minuten leise köcheln lassen, bis die Feigen weich sind.

> Chutney in vorbereitete Gläser füllen und verschließen. Kühl und dunkel aufbewahren.

> Nährwerte pro Glas:
410 kcal, 1715 kJ, 9 g EW,
4 g F, 80 g KH

Zwiebel-Pflaumen-Chutney [Abb.]

FÜR 4 PERSONEN:

600 g Pflaumen oder Zwetschgen
1 Gemüsezwiebel
1 gelbe Paprikaschote
3 EL Olivenöl
1 Zimtstange
1 Lorbeerblatt
5 EL brauner Zucker
1/8 l trockener Rotwein
Paprikapulver edelscharf
Salz
Lorbeerblatt und Zimtstange zum Garnieren

> Pflaumen oder Zwetschgen waschen, halbieren, entkernen und in Würfel schneiden. Zwiebel schälen und fein würfeln. Paprika halbieren, von Kernen und Innenhäuten befreien, putzen, waschen und ebenfalls würfeln.

> Olivenöl in einem Topf erhitzen und Pflaumen oder Zwetschgen, Zwiebel und Paprika kurz darin dünsten. Zimtstange, Lorbeerblatt, Zucker, Rotwein und 1 TL Paprikapulver zugeben und alles bei mittlerer Hitze 25–30 Minuten einkochen, dabei gelegentlich umrühren.

> Chutney mit Paprikapulver und Salz abschmecken. Nach Wunsch mit Lorbeerblatt und Zimtstange garniert servieren.

> Nährwerte pro Person:
202 kcal, 845 kJ, 2 g EW, 5 g F, 32 g KH

Zwiebel-Pflaumen-Chutney schmeckt gut auf geröstetem Brot, zu gegrilltem Fleisch oder Fisch.

Zwiebelchutney [würzig]

FÜR 2 GLÄSER (À CA. 250 G):

800 g rote Zwiebeln
60 g frische Ingwerwurzel
2 getrocknete Chilischoten
300 g brauner Zucker
350 ml Sherryessig
2 EL Senfkörner
2 Msp. Pimentpulver
Salz

> Zwiebeln schälen, halbieren und in feine Streifen schneiden. Ingwer schälen und fein hacken. Chilischoten grob zerbröseln.

> Zucker in einem Topf bei mittlerer Hitze unter Rühren schmelzen, dann goldbraun karamellisieren lassen.

> Zwiebeln, Ingwer und Chili zum Karamell geben. Essig und 200 ml Wasser angießen. Alles gut verrühren, bis sich der Karamell gelöst hat. Senfkörner und Pimentpulver dazugeben und das Ganze ca. 15 Minuten bei mittlerer Hitze einkochen lassen.

> Chutney mit Salz abschmecken und noch heiß in vorbereitete Gläser mit Twist-off-Verschlüssen füllen. Zum Aufbewahren dunkel und kühl lagern.

> Nährwerte pro Glas:
788 kcal, 3297 kJ, 8 g EW, 3 g F, 172 g KH

Tomaten-Aprikosen-Chutney [feurig-scharf]

FÜR 4 PERSONEN:
2 frische Aprikosen
3 Tomaten
1 rote Paprikaschote
1 Zwiebel
1 kleine rote Chilischote
1–2 Knoblauchzehen
2 EL Olivenöl
3–4 EL heller Balsamico-Essig
Salz
Zucker
Cayennepfeffer
Koriander zum Garnieren
500 g Cracker Tomato & Cheese (z. B. von Wasa)

> Aprikosen waschen, trocken reiben, halbieren, entkernen und in kleine Würfel schneiden. Tomaten waschen, trocken tupfen, halbieren und das Fruchtfleisch ohne Stielansätze in Würfel schneiden.

> Paprikaschote halbieren, von Kernen und Innenhäuten befreien, putzen, waschen und die Schote ebenfalls würfeln. Zwiebel schälen und hacken. Die Chilischote längs aufschneiden, unter fließendem Wasser entkernen und in feine Würfel schneiden.

> Knoblauch schälen und mit einem breiten Messerrücken zerdrücken. Paprika-, Chili- und Zwiebelwürfel sowie Knoblauch im erhitzten Olivenöl anbraten. Tomaten- und Aprikosenwürfel zufügen, unter Rühren andünsten, Essig angießen und 5–8 Minuten garen.

> Chutney mit Salz, Zucker und Cayennepfeffer abschmecken, in ein Glas füllen und über Nacht abkühlen lassen. Chutney mit Koriander garnieren und mit den Crackern servieren.

> Nährwerte pro Person:
223 kcal, 940 kJ, 4 g EW,
10 g F, 29 g KH

Das Chutney passt auch gut zu gegrillten Fischspießen. Dafür 400 g festfleischiges Fischfilet in ca. 2 cm große Würfel schneiden. 1 EL Limettensaft, 2 EL Erdnussöl, etwas Salz und Pfeffer verrühren und die Fischwürfel in der Mischung ca. 30 Minuten marinieren.
1 kleine Zucchini waschen und in Scheiben schneiden. Mit etwas Salz würzen. 8 Holzspieße in Wasser einweichen. Backofengrill vorheizen. Marinierte Fischwürfel mit Zucchinischeiben auf die Holzspieße stecken. Spieße auf den Rost legen und mit etwas Öl bestreichen. Spieße im heißen Grill 5–8 Minuten rösten; nach 3 Minuten wenden und mit Marinade bepinseln.

Orangenchutney [Abb.]

FÜR 4 PERSONEN:
2 Orangen (unbehandelt)
15 g frische Ingwerwurzel
2 Schalotten
100 g brauner Zucker
50 ml Rotweinessig
4 EL Campari
Salz
Pfeffer aus der Mühle

> Orangen heiß waschen und trocken reiben. Von den Orangen die Schale abschneiden, aber ohne die bittere weiße Haut. Schale in sehr dünne Streifen schneiden.

> Mit einem scharfen Messer die Filets einzeln aus den Trennhäuten schneiden, dabei den austretenden Saft auffangen und das verbliebene Orangenfleisch ausdrücken. Die ausgelösten Orangenfilets würfeln.

> Ingwer schälen und fein hacken. Schalotten schälen und ebenfalls sehr fein hacken. Beides mit dem Orangensaft, den Orangenstücken sowie den -zesten, Zucker, Essig und Campari in einen Topf geben und bei schwacher Hitze ca. 30 Minuten unter Rühren dicklich einkochen.

> Zum Schluss das Chutney mit Salz und Pfeffer abschmecken. Lauwarm oder kalt servieren.

> Nährwerte pro Person:
253 kcal, 1059 kJ, 1 g EW,
0 g F, 51 g KH

Das Orangenchutney passt besonders gut zu Geflügel- und Wildgerichten.

Mangochutney mit Kumquats [exotisch]

FÜR 2 GLÄSER (À 400 ML):
2 Mangos
100 g Kumquats
¼ l Apfelessig
250 g Zucker
1 TL Salz
½ TL Kardamomsamen
½ TL Fenchelsamen

> Mangos schälen, Fruchtfleisch vom Kern schneiden und fein würfeln. Kumquats waschen und in Scheiben schneiden, dabei die Kerne entfernen.

> Mangos und Kumquats in einen Topf geben, Apfelessig angießen und bei mittlerer Hitze 10 Minuten kochen, dabei gelegentlich umrühren.

> Zucker, Salz, Kardamom- und Fenchelsamen zugeben. Bei schwacher Hitze unter häufigem Rühren 40–50 Minuten kochen, bis das Chutney dickflüssig geworden ist.

> Vorbereitete Twist-off-Gläser mit dem heißen Chutney randvoll füllen und gut verschließen. Gut gekühlt servieren.

> Nährwerte pro Glas:
654 kcal, 2736 kJ, 2 g EW,
1 g F, 151 g KH

Kumquats, auch Zwergorangen genannt, sind mit den Zitrusfrüchten verwandt. Sie werden kaum länger als 4 cm. Das Fruchtfleisch schmeckt säuerlich, die Schale herb-süß (diese wird mitgegessen).

Maisrelish [Abb.]

> Körner von den Maiskolben ablösen. Paprikaschoten halbieren, von Kernen und Innenhäuten befreien, putzen, waschen und in Würfel schneiden.

> Zwiebeln schälen, halbieren und in dünne Streifen schneiden. Sellerie putzen, waschen und in kleine Stücke schneiden.

> Das vorbereitete Gemüse mit Zucker, Salz, Senfpulver und Essig in einen Topf geben, gut vermengen und bei schwacher Hitze ca. 20 Minuten garen.

> Relish in gesäuberte und trockene Gläser füllen, fest verschließen und im Wasserbad bei 80 Grad Wassertemperatur ca. 15 Minuten einkochen.

> Nährwerte pro Glas:
367 kcal, 1539 kJ, 7 g EW, 2 g F, 78 g KH

FÜR 6 GLÄSER (À CA. 480 G):
9 Maiskolben (ca. 1 kg)
je 1 grüne und rote Paprikaschote
2 Zwiebeln
1 Stange Sellerie
300 g brauner Zucker
1 EL Salz
2 EL Senfpulver
1 l Apfelessig

Auch gut: Mais-Zucchini-Salsa. Dafür 1 große Dose Maiskörner abgießen, abtropfen lassen und in 2 EL heißem Öl goldbraun braten. 300 g Zucchini putzen, waschen, grob raspeln und mit dem Mais und 2 EL Olivenöl vermengen. 1 Bd. Frühlingszwiebeln putzen, waschen, klein schneiden und zugeben. 2 Knoblauchzehen schälen und dazupressen. Salsa mit Chiliflocken, Saft und Schale von 1 Limette (unbehandelt), Salz und gehackter Minze abschmecken.

Fenchel-Zitronen-Relish [schmeckt nach Süden]

> Zitronen heiß waschen und trocken reiben. Schale mit einem Zestenreißer fein abnehmen oder dünn abschälen. Zitronenschale fein hacken.

> Fenchel putzen, waschen und in feine Würfel schneiden. Knoblauch schälen und mit einem breiten Messerrücken zerdrücken.

> Knoblauch, Zitronenschale und Fenchel mit dem Olivenöl sowie dem Zitronensaft verrühren. Mit Salz und frischem Pfeffer würzig abschmecken.

> Nährwerte pro Person:
60 kcal, 251 kJ, 1 g EW, 5 g F, 2 g KH

FÜR 4 PERSONEN:
2 Zitronen (unbehandelt)
½ Fenchelknolle (ca. 160 g)
1 Knoblauchzehe
2 EL Olivenöl
2–3 TL Zitronensaft
Salz
Pfeffer aus der Mühle

Dieses Relish wird nicht eingekocht, sondern ist für den frischen Verzehr gedacht. Es passt vor allem zu gegrilltem Fleisch oder Fisch.

Tomaten-Sellerie-Relish [Abb.]

FÜR 6 GLÄSER (À 300 ML):

1 kg Fleischtomaten
200 g Stangensellerie
3 säuerliche Äpfel
1 rote Chilischote
10 Gewürznelken
1 EL Senfkörner
6 Pimentkörner
1 TL getrockneter Thymian
1 EL Salz
½ TL Zimtpulver
80 ml Weinessig
125 g Zucker

> Tomaten kreuzweise einritzen, einige Sekunden überbrühen und kurz ziehen lassen. Anschließend abschrecken, häuten, vierteln, entkernen und in Stücke schneiden.

> Stangensellerie putzen, waschen und in feine Scheiben schneiden. Äpfel schälen, vierteln, entkernen und fein würfeln. Chilischote längs aufschneiden, unter fließendem Wasser entkernen und in schmale Ringe schneiden.

> Gewürznelken mit Senf- und Pimentkörnern in einen Teefilter füllen und diesen mit Küchengarn zubinden. In einen Topf geben, getrockneten Thymian, Salz, Zimtpulver, Weinessig, Zucker, Chili, Äpfel, Sellerie und die Tomaten zugeben.

> Relish unter Rühren aufkochen und offen bei geringer Hitze ca. 1 Stunde köcheln lassen, dabei gelegentlich umrühren. Dann den Gewürzbeutel entfernen, das Relish in vorbereitete Twist-off-Gläser füllen und gut verschließen.

> Nährwerte pro Glas:
170 kcal, 711 kJ, 3 g EW, 2 g F, 35 g KH

Gemüse-Apfel-Relish mit Ingwer

[gelingt leicht]

FÜR 4 PERSONEN:

1 rote Paprikaschote
150 g Salatgurke
3 Zwiebeln
20 g frische Ingwerwurzel
2 Knoblauchzehen
¼ l Apfelsaft
8 EL Apfelessig
60 g Zucker
Salz
Sambal Oelek
500 g säuerliche Äpfel

> Paprikaschote halbieren, von Kernen und weißen Innenhäuten befreien, putzen und waschen. Gurke schälen und putzen. Zwiebeln, Ingwer und Knoblauch schälen. Alles fein würfeln.

> Vorbereitetes Gemüse mit Apfelsaft, Essig, Zucker, etwas Salz und Sambal Oelek in einen großen Topf geben. Unter gelegentlichem Rühren aufkochen und zugedeckt bei schwacher bis mittlerer Hitze ca. 20 Minuten köcheln lassen.

> Äpfel waschen, vierteln, vom Kerngehäuse befreien und in feine Stücke schneiden. Unter das Gemüse mengen und offen 6–8 Minuten weiterköcheln lassen.

> Relish würzig mit Salz und Sambal Oelek abschmecken und noch heiß in vorbereitete Twist-off-Gläser füllen.

> Nährwerte pro Person:
205 kcal, 858 kJ, 2 g EW, 1 g F, 44 g KH

Zucchinirelish [gut kombiniert]

FÜR 4 PERSONEN:
750 g Zucchini
250 g Zwiebeln
1 EL grobkörniges Salz
250 g Zucker
1/4 l Weißweinessig
1 EL mittelscharfer Senf
1 EL Currypulver
1 TL Paprikapulver edelsüß
1/2 TL Cayennepfeffer

> Zucchini putzen, waschen, trocken tupfen und in kleine Würfel schneiden. Zwiebeln schälen und ebenfalls klein würfeln. Beides in einer Schüssel mit Salz vermengen und über Nacht zugedeckt ziehen lassen.

> Am nächsten Tag das Gemüse in einen Topf füllen, den Zucker und Weißweinessig zufügen und das Ganze bei mittlerer Hitze 45 Minuten köcheln lassen, dabei gelegentlich umrühren.

> Senf, Currypulver, Paprikapulver und Cayennepfeffer zur Zucchinimischung dazugeben und das Relish weitere 10 Minuten kochen lassen.

> Relish noch heiß in sterilisierte Twist-off-Gläser füllen und sofort auf den Kopf stellen. Gut abkühlen lassen.

> Nährwerte pro Person:
342 kcal, 1431 kJ, 5 g EW,
2 g F, 73 g KH

Die Zutaten können auch variiert werden: Versuchen Sie z. B. eine Gemüsemischung aus jeweils 250 g Maiskörnern, Zucchini, Möhren und Zwiebeln.

Blumenkohl-Mais-Relish [gute Mischung]

FÜR 4 PERSONEN:
125 g Blumenkohl
340 g Mais (Dose)
1 Paprikaschote
1 Zwiebel
1/2 TL schwarze Pfefferkörner
1/2 TL Pimentkörner
1 TL Senfkörner
5 EL brauner Zucker
Salz
100 ml Weißweinessig
1 EL Zitronensaft

> Blumenkohl waschen und in kleine Stücke teilen. Maiskörner abtropfen lassen. Paprikaschote halbieren, von Kernen und Innenhäuten befreien, putzen, waschen und die Schote in kleine Würfel schneiden.

> Zwiebel schälen und fein hacken. Mit dem Blumenkohl, Maiskörnern und Paprikawürfel in einen Topf geben. Pfeffer- und Pimentkörner mit einem breiten Messerrücken zerdrücken oder im Mörser zerstoßen. Mit Senfkörnern zur Maismischung geben.

> Zucker, etwas Salz, Essig und 100 ml Wasser zugeben und das Ganze aufkochen lassen. Relish offen bei mittlerer Hitze kurz kochen, dabei gelegentlich umrühren. Anschließend den Topf vom Herd nehmen und abkühlen lassen.

> Relish in eine Schüssel geben und im Kühlschrank mindestens 12 Stunden marinieren. Vor dem Servieren mit Zitronensaft und Salz abschmecken.

> Nährwerte pro Person:
178 kcal, 745 kJ, 5 g EW,
2 g F, 34 g KH

Süße Soßen & Dips

JUNGE KÜCHE

Schokoladensoße [Abb.]

FÜR 4 PERSONEN:
1 Vanilleschote
100 g Edelbitter-schokolade
250 g Sahne
50 g Zucker

> Vanilleschote längs aufschlitzen und das Mark mit einem Messer herauskratzen. Schokolade grob hacken.

> Sahne in einen Topf geben, Vanillemark und Vanilleschote sowie den Zucker zugeben. Das Ganze unter Rühren langsam aufkochen. Vanilleschote wieder entfernen. Nach und nach die Schokolade untermengen und schmelzen lassen.

> Soße bei schwacher Hitze unter Rühren sanft köcheln lassen, bis sie eine dickliche Konsistenz angenommen hat.

> Nährwerte pro Person:
330 kcal, 1381 kJ, 4 g EW,
23 g F, 26 g KH

Die Schokoladensoße kann nach Beleiben mit etwas Weinbrand aromatisiert werden. Sie passt besonders gut zu Vanilleeis, Vanillepudding oder auch zu pochierten Birnen.

Cranberry-Schoko-Dip [leicht beschwipst]

FÜR 4 PERSONEN:
200 g getrocknete Cranberrys
50 g Bitterschokolade
4–5 EL Campari
weiße Schokoladenraspel zum Garnieren

> Cranberrys in einer Schüssel mit kochendem Wasser überbrühen. Ca. 1 Stunde quellen lassen.

> Bitterschokolade fein reiben. Cranberrys abgießen, dabei die Flüssigkeit auffangen. Cranberrys mit Schokoladenraspeln und etwas Einweichflüssigkeit im Mixer pürieren.

> Dip mit Campari abschmecken und mit weißen Schokoraspeln garniert servieren.

> Nährwerte pro Person:
111 kcal, 464 kJ, 2 g EW,
3 g F, 9 g KH

Noch raffinierter wird der Dip, wenn man 1 kleine rote Chilischote, entkernt und fein gehackt, untermengt. Der Dip passt nicht nur zu süßen Crêpes, sondern auch zu gebackenem Käse und geröstetem Weißbrot.

Lemon Curd [Abb.]

FÜR 2 GLÄSER (À CA. 250 G):

75 g weiche Butter
3 Eier
225 g Zucker
Saft und abgeriebene Schale von 3 Zitronen (unbehandelt)

> Die Butter mit dem Handrührgerät schaumig schlagen. Eier nacheinander langsam unterschlagen.

> Creme in eine Metallschüssel geben und über einem heißen Wasserbad aufschlagen. Zucker, Zitronensaft und -schale langsam zufügen und so lange weiter schlagen, bis die Creme dicker wird, dabei aber nicht kochen lassen.

> Das heiße Curd in 2 vorher gut gesäuberte Gläser füllen und sofort gut verschließen. Hält sich verschlossen im Kühlschrank mindestens 4 Wochen.

> Nährwerte pro Glas:
952 kcal, 1992 kJ, 12 g EW, 41 g F, 131 g KH

Mit Lemon Curd kann man Kuchen füllen, Toast bestreichen oder die Soße warm zu Eis servieren.

Apfel-Mandel-Dip [gut vorzubereiten]

FÜR 4 PERSONEN:

4 süße Äpfel
1 Schuss Apfelsaft
50 g Vollkorngrieß
50 g Rosinen
½ TL Zimtpulver
1 Päckchen Bourbon-Vanillezucker
100 g Mandeln, gemahlen

> Äpfel waschen, trocken tupfen, vierteln und das Kerngehäuse entfernen. Apfelspalten mit Apfelsaft in einen Topf geben und bei schwacher Hitze ca. 5 Minuten dünsten.

> Grieß und Rosinen unter die Äpfel rühren und das Ganze aufkochen. Bei schwacher Hitze unter Rühren ca. 3 Minuten sanft köcheln lassen, bis der Grieß weich ist.

> Zimt, Vanillezucker und Mandeln zur Apfelmischung geben. Topf vom Herd nehmen und das Ganze mit dem Stabmixer pürieren.

> Nährwerte pro Person:
299 kcal, 1251 kJ, 7 g EW, 14 g F, 36 g KH

Der süße Dip passt gut zu Fruchtspießen oder Crêpes, aber auch aufs Brot schmeckt er toll.

Kokossoße [für Obstfondue]

> Milch in einem Topf erhitzen, Frischkäse hineingeben und bei schwacher Hitze unter ständigem Rühren schmelzen lassen.

> Kokosraspel, Kokoslikör oder Ananassaft und Agavendicksaft in die Milch-Frischkäse-Mischung einrühren und die Soße bei schwacher Hitze warm halten.

> Kiwis schälen, längs vierteln und die Viertel in mundgerechte Stücke teilen. Orange so schälen, dass die weiße Haut mitentfernt wird. Die Frucht filetieren, dabei die Filets in möglichst gleich große Stücke schneiden.

> Ananas vierteln, vom Strunk befreien und schälen. Mango schälen und das Fruchtfleisch in Spalten vom Kern schneiden. Beides in mundgerechte Stücke schneiden.

> Bananen schälen, in Scheiben schneiden und sofort mit Limettensaft beträufeln. Das vorbereitete Obst dekorativ auf einer Servierplatte anrichten.

> Kokossoße in den Fonduetopf gießen und auf dem Rechaud warm halten. Fruchtstücke auf Fonduegabeln spießen und durch die Kokossoße ziehen.

> Nährwerte pro Person:
670 kcal, 2800 kJ, 17 g EW, 43 g F, 52 g KH

FÜR 6 PERSONEN:

½ l Milch
600 g Frischkäse
75 g Kokosraspel
4 cl Kokoslikör oder Ananassaft
2 EL Agavendicksaft
2 Kiwis
1 Orange
1 Ananas
1 Mango
500 g Bananen
Saft von 1 Limette

Die Kokossoße passt auch gut zu Grapefruitmuffins: Backofen auf 190 Grad vorheizen. Muffinform einfetten oder Papierförmchen in die Vertiefungen hineinsetzen. 1 Grapefruit schälen, in kleine Stückchen schneiden und den Saft dabei auffangen. 280 g Mehl, 2 TL Backpulver und ½ TL Natron in einer Schüssel vermischen.
In einer zweiten Schüssel 100 g weiche Butter, 3 Eier, 140 g Zucker, 200 g Crème fraîche und 1 Päckchen Bourbon-Vanillezucker schaumig schlagen. Mehlgemisch unterheben und Grapefruitstücke samt Saft untermengen. Teig in die Muffinförmchen füllen und im heißen Ofen auf der mittleren Schiene 20–25 Minuten backen. Herausnehmen, in der Form 5 Minuten ruhen lassen, aus den Vertiefungen lösen und auf einem Kuchengitter abkühlen lassen.

Karamellsoße [Abb.]

FÜR 4 PERSONEN:
100 g Zucker
3 EL Kaffee
1–2 EL Honig
200 g Sahne
Milch

> Eine beschichtete Pfanne erhitzen und den Zucker darin unter Rühren karamellisieren lassen.

> Kaffee, Honig und Sahne zunächst in einem zweiten Topf erhitzen, dann langsam zum karamellisierten Zucker geben und sorgfältig unterrühren.

> Herd ausschalten und die Soße ein wenig abkühlen lassen. Je nach Konsistenz mit Milch verdünnen und lauwarm servieren.

> Nährwerte pro Person:
286 kcal, 1197 kJ, 2 g EW,
16 g F, 32 g KH

Passt besonders gut zu Dampfnudeln, Vanilleeis oder Schokoladensoufflé.

Vanillesoße [süßer Klassiker]

FÜR 4 PERSONEN:
4 frische Eigelb
4 EL Zucker
2 Vanilleschoten
200 ml Milch
200 g Sahne

> Eigelb und Zucker in einer Schüssel mit den Quirlen des Handrührgerätes schlagen bis das Ganze cremig ist.

> Vanilleschoten längs aufschlitzen und das Mark mit einem Messer herauskratzen. Milch und Sahne in einen Topf geben und das Vanillemark einrühren.

> Eigelbcreme unter die Milchmischung rühren. Soße bei schwacher Hitze unter ständigem Rühren erhitzen, bis sie eine cremige Konsistenz aufweist. Soße dabei nicht kochen lassen, sonst gerinnt sie.

> Nährwerte pro Person:
178 kcal, 745 kJ, 3 g EW,
17 g F, 4 g KH

Wie wärs mit gefüllten Bratäpfeln mit Vanillesoße? Dafür 60 g Walnüsse hacken und 60 g getrocknete Aprikosen fein würfeln. Saft von 1 Orange mit Walnüssen, Aprikosen, 1 TL Zimtpulver, 1 Päckchen Bourbon-Vanillezucker, 30 g Zucker und 2 cl Orangenlikör in einer Schüssel vermengen.
4 große säuerliche Äpfel waschen und oben einen Deckel abschneiden. Kerngehäuse herauslösen und vorbereitete Mischung in die Äpfel füllen. Deckel aufsetzen und Äpfel in eine gebutterte Auflaufform setzen. Im vorgeheizten Backofen bei 190 Grad ca. 35 Minuten braten. Mit der Vanillesoße servieren.

Heidelbeersoße [Abb.]

FÜR 4 PERSONEN:
300 g Heidelbeeren (frisch oder tiefgekühlt)
1 EL Speisestärke
300 ml roter Traubensaft
100 ml Sekt
1 EL Zucker
2 cl Heidelbeerlikör

> Frische Heidelbeeren verlesen, waschen und auf Küchenpapier abtropfen lassen. Tiefgekühlte Früchte auftauen lassen.

> Speisestärke mit rotem Traubensaft glatt rühren, in einen kleinen Topf geben und das Ganze einmal aufkochen.

> Heidelbeeren und Sekt hinzufügen, danach mit Zucker und Heidelbeerlikör abschmecken. Nach Wunsch mit dem Stabmixer pürieren.

> Nährwerte pro Person: 148 kcal, 619 kJ, 1 g EW, 1 g F, 27 g KH

Die Heidelbeersoße passt gut zu Eis, Crêpes oder Waffeln.

Trauben-Grappa-Soße [extrafein]

FÜR 4 PERSONEN:
150 g helle Trauben
150 g dunkle Trauben
4 EL Apfelgelee
8 cl Grappa

> Trauben waschen, entstielen und abtropfen lassen. Anschließend halbieren und mit einem spitzen Messer die Kerne entfernen.

> Die Trauben mit dem Gelee und Grappa vermengen und abgedeckt mindestens 3 Stunden ziehen lassen.

> Nährwerte pro Person: 124 kcal, 519 kJ, 1 g EW, 0 g F, 17 g KH

Die Soße passt hervorragend zu Vanilleeis, Schokoladen- oder Fruchtmousse.

Marzipansoße [süße Verführung]

FÜR 4 PERSONEN:
50 g Marzipanrohmasse
250 g Sahne
6 cl Weinbrand
75 g Walnusskerne

> Marzipanrohmasse grob raspeln. Sahne in einem Topf erhitzen und das Marzipan darin bei milder Hitze unter ständigem Rühren auflösen.

> Weinbrand unter die Sahnemischung rühren, Topf vom Herd nehmen und die Soße lauwarm abkühlen lassen.

> Walnusskerne hacken und in einer Pfanne ohne Fett unter Rühren goldbraun rösten. Walnüsse unter die Marzipansoße mengen und heiß servieren.

> Nährwerte pro Person: 403 kcal, 1686 kJ, 6 g EW, 35 g F, 9 g KH

Zabaione [mit frischen Beeren]

FÜR 4 PERSONEN:
200 g Himbeeren
200 g Brombeeren
150 g Heidelbeeren
100 g rote Johannisbeeren
150 g Erdbeeren
4 Eigelb
100 g Zucker
200 ml halbtrockener Weißwein

> Beeren unter fließendem warmem Wasser waschen, in ein Sieb geben und abtropfen lassen. Johannisbeeren mit den Zinken einer Gabel von den Rispen streifen. Erdbeeren nach Wunsch halbieren oder vierteln.

> Für die Zabaione Eigelb in eine Metallschüssel geben, Zucker zufügen und Weißwein angießen. Zutaten mit einem Schneebesen schaumig schlagen.

> In einem Topf ein heißes Wasserbad vorbereiten. Schüssel hineinsetzen. Eimasse im Wasserbad mit dem Schneebesen so lange schlagen, bis eine dickschaumige Creme entsteht.

> In einem weiteren Topf ein Bad mit kaltem Wasser vorbereiten. Schüssel mit der Creme hineinsetzen und kalt rühren. Beeren in kleinen Gläsern anrichten, mit Zabaione begießen und sofort servieren.

> Nährwerte pro Person:
286 kcal, 1197 kJ, 6 g EW, 8 g F, 37 g KH

Die Früchte können je nach Saison variiert werden. Für die Zabaione kann auch ein Schaumwein (Sekt, Cidre etc.) oder Süßwein (Portwein, Marsala etc.) verwendet werden.

Mit frischen Früchten lässt sich aus der Zabaione ganz einfach ein himmlisches Dessert zaubern. Einfach 200 g Sahne steif schlagen und unter die kalt gerührte Zabaione heben. Die Creme dann mit klein geschnittenen frischen oder abgetropften Dosenfrüchten (Aprikosen, Pfirsiche, Erdbeeren etc.) abwechselnd in eine Auflaufform schichten. Kühl stellen und mit Kakaopulver bestreut servieren.

Mangosoße [himmlisch leicht]

FÜR 4 PERSONEN:
1 reife Mango
40 g Zucker
100 ml Weißwein
½ Vanilleschote
Saft von 1 Zitrone
Minze zum Garnieren

> Mango schälen, Fruchtfleisch vom Kern lösen und in kleine Würfel schneiden.

> Zucker in einem Topf bei mittlerer Hitze unter Rühren karamellisieren lassen, dann mit Weißwein ablöschen. Vanilleschote längs aufschneiden, mit einem Messer das Mark herauskratzen.

> Vanillemark samt Schote und Mangowürfel zur Zuckermischung geben. Das Ganze ca. 15 Minuten kochen lassen, bis die Mangowürfel weich sind. Mit Zitronensaft abschmecken.

> Vanilleschote entfernen, die Soße fein pürieren und nach Wunsch durch ein Sieb passieren. Mit Minze garniert servieren.

> Nährwerte pro Person:
90 kcal, 377 kJ, 0 g EW,
0 g F, 17 g KH

Die Soße passt besonders gut zu Orangenmousse. Dafür 2 Blatt Gelatine einweichen. 1 Orange (unbehandelt) heiß waschen, trocken reiben, die Schale abreiben und Saft auspressen. Orangensaft und Saft von 1 Zitrone mit Orangenschale, 250 g Vanillejoghurt und 1 Päckchen Bourbon-Vanillezucker verrühren. Gelatine tropfnass in einem kleinen Topf bei mittlerer Hitze auflösen. Erst mit 4 EL Joghurtmischung vermengen, dann unter die restliche Masse rühren. 2 Eiweiß sehr steif schlagen. Sobald die Orangenmasse zu gelieren beginnt, das Eiweiß vorsichtig unterheben. Mousse ca. 2 Stunden kalt stellen.

Bananensahne [für Genießer]

FÜR 4 PERSONEN:
2 reife Bananen
200 g Sahne
1 EL Zucker
Saft von 1 Zitrone
Minze zum Garnieren

> Bananen schälen und mit der Gabel fein zerdrücken. Sahne mit Zucker steif schlagen. Mit Zitronensaft vermengen.

> Bananenmus vorsichtig unter die steif geschlagene Sahne heben. In eine Schale geben und mit Minze garniert servieren.

> Nährwerte pro Person:
219 kcal, 916 kJ, 2 g EW,
15 g F, 19 g KH

Die Bananensahne passt gut zu Schokoladeneis, Crêpes oder frisch gebackenen Waffeln.

Bild- und Textquellen

Titelbild vorne: StockFood; hinten von links nach rechts: Arras/Südwest Verlag, StockFood, Wasa
Inhalt: Alnatura: 42 (rechts); Arras/Südwest Verlag: 11; Brauner/Falken Verlag: 17; Brauner/Mosaik Verlag: 37, 45; Brauner/Südwest Verlag: 15, 70; California Walnut Commission: 46; Livio: 43 (rechts), 49; mauritius images: 67, 73, 77; Rama: 43 (links); StockFood: 5, 7, 9, 13, 18, 21, 23, 25, 29, 30, 33, 35, 39, 42 (links), 53, 59, 63, 65, 69, 75; The Food Professionals Köhnen GmbH: 27, 41, 55, 60; Wasa: 51, 57